W9-ASC-086

BIBLIOTECA GRÁFICA

OsoS

BIBLIOTECA GRÁFICA
OsoS

N.S. Barrett

Franklin Watts

Londres   Nueva York   Sydney   Toronto

First Spanish language edition
published in the USA in 1991 by
Franklin Watts, Inc.
387 Park Avenue South
New York, NY 10016

Spanish translation copyright © 1991
by Franklin Watts, Inc.

ISBN: 0-531-07917-1
Library of Congress Catalog Card
Number 90-71417

English language edition © 1988
by Franklin Watts Ltd

Printed in Italy

Designed by
Barrett & Willard

Photographs by
Survival Anglia
Pat Morris
Ardea
Bruce Coleman Ltd/Wayne
    Lankinen (front cover)
N.S. Barrett Collection

Illustrations by
Rhoda & Robert Burns

Technical Consultant
Michael Chinery

Contenido

Introducción

Los osos son grandes animales de espeso pelaje. Son criaturas tan bellas que dan ganas de abrazarlos, y tienden a ser muy juguetones. Sin embargo, son también peligrosos con la gente porque son muy poderosos y pueden atacar sin previo aviso.

Hay varias clases de osos. El oso polar blanco vive en el Ártico. Hay osos pardos y negros en partes de América del Norte, Europa y Asia. El oso de anteojos viene de América del Sur.

△ **Un oso polar solitario en medio de la nieve y el hielo en el norte de Alaska. Los osos polares son capaces de sobrevivir el intenso frío de la región ártica por la gruesa capa de grasa que tienen bajo la piel.**

El nombre de pardo o negro para los osos es confuso. Los osos pardos varían desde un tono crema hasta el casi negro, y algunos osos negros son de color café.

El oso de pelambre más larga es el oso bezudo y el oso más pequeño es el oso sol.

Aunque los pandas gigantes parecen osos, se cree que pertenecen a un grupo diferente de animales. El koala de Australia no es un oso, aunque a veces se le llama oso koala.

△ Una osa parda americana (grizzly) va a buscar pescado mientras sus tres cachorros la esperan a la orilla del agua. Los osos pardos americanos son grandes osos de color café de Norteamérica. Su nombre proviene de la apariencia grisácea de su piel que tiene visos plateados en las puntas.

7

Mirando los osos

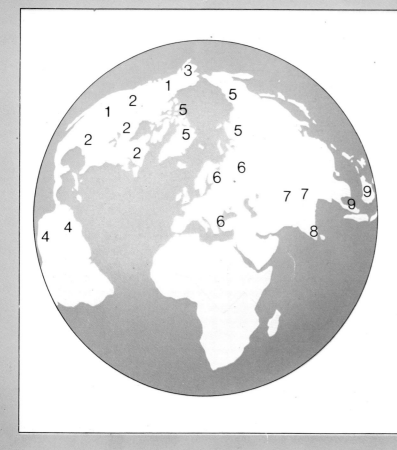

Dónde viven

Los osos se encuentran en muchas partes del mundo, pero no hay osos ni en África ni en Australia. Varían en tamaños desde el enorme oso Kodiak, que pesa 500 kg (1,100 libras) al oso sol que pesa menos de 68 kg (150 libras).

1. Oso pardo americano
2. Oso negro americano
3. Oso Kodiak
4. Oso de anteojos
5. Oso polar
6. Oso pardo europeo
7. Oso negro de los Himalayas
8. Oso bezudo
9. Oso sol

Tamaños de osos

Kodiak

Polar

Negro americano

Negro de los Himalayas

Oso bezudo

El cuerpo de un oso

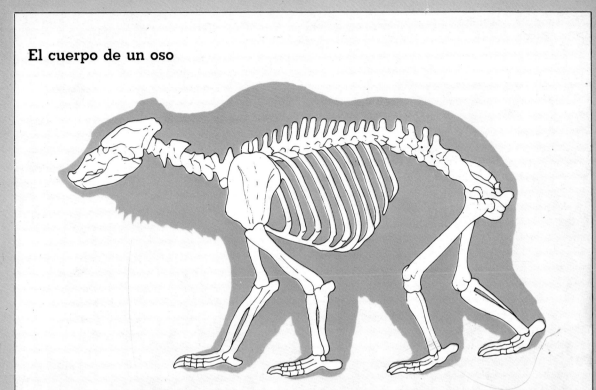

Los osos son animales pesados. Pero bajo su grueso y largo pelo y los plegos flojos de su piel, no son tan grandes como aparentan. La proporción de sus extremidades es similar a la de los seres humanos.

Pardo americano y europeo

De anteojos   Solar

Rastreando un oso pardo

Los osos colocan toda la pata plana en el suelo cuando caminan o corren. Por la manera que tienen de correr, las impresiones dejadas por sus patas traseras aparecen justo enfrente de las marcas de sus patas delanteras.

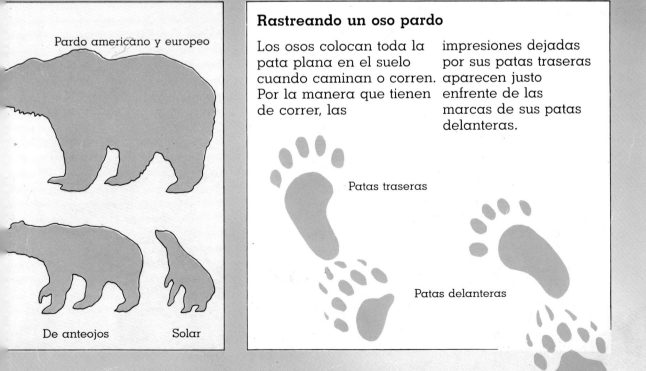

Patas traseras

Patas delanteras

La vida de los osos

Los osos no viven juntos excepto cuando una mamá está cuidando a sus cachorros. Los osos deambulan por sí mismos en busca de comida.

Conforme el invierno se acerca, buscan un lugar para hacer su guarida, una cueva o tal vez un tronco hueco. Duermen casi todo el invierno, pero en los días más templados pueden dejar su madriguera para aventurarse en los alrededores.

▽ **Un oso negro asiático tiene una vista excelente de la campiña japonesa al ir trepando por una rama alta. La mayoría de los osos son buenos trepadores.**

△ Los osos se sienten muy cómodos en el agua y son excelentes nadadores.

▷ Después de una buena comida, un oso disfruta de una siesta bajo el sol.

11

Los osos comen todo tipo de comida.
Su dieta incluye carne, pescado,
fruta, nueces, hojas y moras.

La miel es un manjar favorito de
los osos negros y pardos. Están bien
protegidos contra las picaduras de
abeja por su grueso pelaje. También
comen hormigas, gusanos y huevos
de pájaro.

Los osos son muy ágiles, y cazan
animales pequeños como ardillas y
ratones. Los osos polares se
mantienen solamente con focas, y
ballena o morsa.

△ Un oso acostado para digerir una comida de carne de venado. Sin embargo, la mayoría de los osos comen más frutas y plantas que carne.

Los osos son animales poderosos. Un golpe de sus patas delanteras puede matar a una persona o aún un animal grande como un venado, y sus largas garras son armas peligrosas.

Pero los osos son usualmente pacíficos y se mantienen al margen del peligro. Pelean sólo cuando se sienten amenazados, o para proteger a sus cachorros, su comida o su casa. Su peor enemigo es el ser humano que caza osos y destruye los bosques donde habitan.

▽ Un oso con un salmón recién pescado. Los osos vadean en el agua para atrapar peces usando las patas o el hocico.

Una pareja de osos pueden vivir juntos por varias semanas. Pero luego el macho se va y deja a la hembra a que tenga sus cachorros y los críe.

La mayoría de los cachorros nace mientras la madre está en su madriguera invernal. Los osos generalmente tienen dos cachorros, pero a veces hay hasta cuatro.

Al nacer, los ositos son minúsculos. Les toma de cuatro a seis semanas crecer y que les salga el pelo antes de siquiera abrir los ojos.

▽ **Un oso polar cuidando de su cachorro. Los machos a veces atacan a los cachorros y los matan. Pero la madre pelea encarnizadamente para proteger a sus cachorros y generalmente ahuyenta al macho.**

La madre mantiene a los cachorros en su madriguera cerca de dos meses. Crecen rápidamente y una vez que salen, la madre pronto les enseña a buscar comida por sí mismos.

Los cachorros se divierten juntos. Pero si irritan a la madre, ésta puede darles un manazo o ahuyentarlos árbol arriba fuera de su paso. Los cachorros permanecen con la madre cerca de un año o más antes de tomar su camino y defenderse solos.

△ **Dos osos jóvenes disfrutan de una pelea amistosa en el agua. Jugar les ayuda a mantenerse ágiles y no solos hace daño.**

Los osos pardos

Los osos pardos se encuentran en muchas partes del mundo. Varían en tamaño dependiendo del lugar donde habitan y el tipo de comida con que se alimentan.

Los osos pardos varían en color. Pueden ser crema, gris, rojo o café obscuro. Algunos son casi negros, especialmente los más viejos.

△ Un gran oso con pelaje claro de Norteamérica.

▷ Esta toma de cerca muestra el pelaje grueso y largo y los poderosos dientes de la mandíbula inferior del oso. Usa los dos dientes largos llamados caninos para desgarrar su presa.

▷ Una osa parda americana (grizzly) registra el agua buscando peces mientras sus cuatro cachorros la aguardan alineados en la rocosa playa.

Los osos pardos americanos son de los más grandes del mundo. En Norteamérica, viven principalmente en Alaska, aunque quedan algunos en el parque nacional de Yellowstone.

Los osos pardos americanos se sienten muy a gusto en el agua. Son buenos nadadores y pasan muchas horas vadeando ríos y lagos en busca de pescado.

Los osos pardos más grandes son los osos Kodiak que viven en Alaska. Normalmente miden hasta 2.7 m (9 pies) parados en sus patas traseras, y pueden pesar media tonelada (1,000 libras) o más.

Los osos pardos pesan demasiado para trepar árboles en busca de comida. A pesar de eso, encuentran suficiente de comer en los bosques donde habitan.

△ **Una osa Kodiak enseña a su cachorro cómo atrapar peces en un rio en Alaska.**

Los osos negros

Hay osos negros en América del Norte y en Asia Central y Sudoriental. Son más pequeños que la mayoría de los osos pardos, cerca de 1.5 m (5 pies) estando erguidos.

Los osos negros son comunes en las áreas de grandes bosques. Se les caza por su piel. La mayoría de los estados han prohibido o restringido la cacería de estos osos.

△ Un oso negro en un parque nacional en Canadá. Los osos negros son buenos trepadores de árboles y corredores muy rápidos.

Aunque relativamente pequeños, los osos negros son muy fuertes. Son también animales curiosos a los que les encantan las golosinas. Por estas razones pueden ser peligrosos con los acampadores, y se sabe que han hecho daño o hasta causado la muerte de personas que los alimentan.

A veces hacen daño a los cultivos y a árboles nuevos, y pueden atacar al ganado y a otros animales de granja.

△ Los osos negros son curiosos y andan siempre merodeando en busca de comida, especialmente golosinas. Los viajeros en el bosque deben cuidarse de ellos porque son más fuertes y más peligrosos de lo que parecen.

▷ Un oso negro en el parque nacional de Yellowstone. Muchos osos negros en el oeste de Norteamérica tienen pelaje color café.

Otras clases de osos

◁ El oso de anteojos de América del Sur, es llamado así por las marcas blancas que tiene alrededor de los ojos.

▷ El oso bezudo de la India se mueve lentamente a menos que se le moleste. A veces, se le conoce como el oso de la miel por su gusto por este alimento.

▽ El oso sol o malayo vive en el bosque y caza por la noche. Es el más pequeño de todos los osos. Mide estando de pie solo 1.2 m (4 pies), y pesa menos de 70 kg (150 libras).

▷ Un oso polar se
yergue majestuoso
contra el paisaje blanco
del hielo Ártico,
mientras contempla
su reino.

Los osos polares
se encuentran
principalmente a lo
largo de las costas de la
región ártica. Son los
mejores nadadores entre
todos los osos. Durante
casi todo el año comen
animales marinos,
especialmente focas.
Con frecuencia navegan
sobre hielo flotante en
busca de su presa.
Tienen unos cojincillos
de pelo en las plantas
de sus extremidades lo
que les permite andar
en el hielo y mantener
sus patas tibias.

En invierno, la osa
polar cava una cueva
bajo la nieve para
protegerse junto con sus
cachorros recién nacidos.

La historia de los osos

La familia de los osos

Los osos pertenecen a la familia de los Ursidos. Pertenecen al orden o subdivisión, de la clase de mamíferos llamados carnívoros o los que comen carne. Sus parientes más cercanos en el reino animal incluye a los pandas, mapaches, perros y lobos, y tejones y nutrias.

Hay varios tipos extintos de osos que se conocen por los fósiles que se han encontrado en varias partes del mundo. Uno de estos, un oso gigante de las cavernas, era más grande que ningún oso vivo en la actualidad.

Cazando osos

La gente ha cazado osos por miles de años, desde la Edad de Piedra. Comían su carne y usaban su piel y huesos para vestirse y para herramientas y armas.

Antes de que los europeos se establecieron en Norteamérica, los indios americanos cazaban osos y algunas tribus hasta los adoraban como dioses. Grandes osos pardos vagaban a lo largo y ancho de América hasta que empezó a poblarse el Oeste Americano en el siglo XIX. Los pioneros mataron y atraparon miles de osos — para obtener las pieles y para proteger a su ganado.

Los esquimales siempre han cazado osos polares, pero desde que hay cazadores que viajan al Ártico para cazar osos por deporte y por sus pieles, el número de osos ha disminuido considerablemente.

Crueldad con los osos

Hace 2,000 años, ya se atrapaban osos en la época romana para proporcionar entretenimiento público. Se les encadenaba para que fueran atacados por perros o atormentados por soldados armados llamados gladiadores.

Esta práctica cruel de molestar a los osos volvió a estar de moda hace unos 900 años. Estas peleas tenían lugar en arenas llamadas jardines de osos. Fueron muy populares en Inglaterra hasta que finalmente fueron prohibidas en 1835.

También se entrenaban osos para "bailar", usando métodos crueles frecuentemente. Las peleas entre toros y osos fueron populares en Estados Unidos hace tiempo.

El futuro de los osos

En los últimos 200 años el número de osos vivos en el mundo ha disminuido drásticamente. Podía encontrárseles en todo el mundo en las regiones del norte. Pero la invención del rifle los convirtió en presa fácil de cazadores, y la destrucción de los bosques ha limitado su medio ambiente natural.

Ya hay leyes que restringen la cacería de osos en Norteamérica. Aún así, el número de osos pardos americanos continúa descendiendo

excepto en Alaska y Canadá. El oso negro sin embargo, continúa floreciendo. Los pocos osos que quedan en Europa son considerados trofeos para los cazadores y solamente unos cuantos quedan por allí.

Los osos bezudos y los osos sol han sido masacrados sin sentido durante años y sus habitats naturales destruídos. Actualmente están extintos en muchas áreas donde previamente florecían. En los últimos sesenta o setenta años

△ **Llamado deporte en California hace 100 años. Un toro es enfrentado con un oso encadenado en una pelea a muerte.**

la población de osos polares ha disminuido mucho. Pero la caza de osos polares está ahora estrictamente controlada y su número está aumentando otra vez.

A menos que se hagan leyes internacionales que controlen la cacería de otros osos, algunas clases de osos están en peligro de desaparecer muy pronto.

Datos y Récords

El más grande

El oso más grande, y el animal carnívoro de mayor tamaño es el oso Kodiak que vive en Alaska — en la isla de Kodiak y en tierra firme. Casi toda la isla de Kodiak es una reserva nacional del oso Kodiak, llamado a veces el oso café de Alaska.

Un macho Kodiak completamente desarrollado mide como promedio unos 2.7 m (9 pies) estando de pie y pesa cerca de 500 kg (1,100 libras). Se ha sabido de ejemplares que pesaron más de 750 kg (1,650 libras).

Los osos polares son más pequeños como promedio, pero uno que según se decía pesaba 1,000 kg (2,200 libras) fue cazado en 1960 y disecado. La piel disecada mide más de 3.35 m (11 pies).

△ El oso Kodiak es el carnívoro (come carne) más grande del mundo. Vive en algunas partes del estado de Alaska.

Nadadores poderosos

Los osos polares son los nadadores más rápidos de todos los osos.

Alcanzan velocidades de 10 km por hora (6 mph) en el agua. Con sólo los ojos y el hocico fuera del agua, pueden nadar por días enteros. Habitan solamente en el Ártico y pescan focas, morsas, peces, caribús y ballenas.

△ Los osos polares son nadadores muy poderosos, y más rápidos en el agua que ningún otro oso.

Los más rápidos

El oso negro ha sido cronometrado alcanzando velocidades de 48 km por hora (30 mph). Los osos polares pueden alcanzar velocidades de 40 km por hora (25 mph), aún sobre el hielo. Pueden correr tan rápido que alcanzan a un reno, pero estas velocidades sólo pueden mantenerlas por distancias muy cortas.

Duración de su vida

Los osos viven un promedio de 15 a 30 años en estado salvaje. El tiempo más largo de que se tiene conocimiento, fue un oso pardo que vivió en un zoológico por 47 años.

Glosario

Caninos
Dientes fuertes y afilados usados para desgarrar la comida.

Carnívoro
Un animal que come carne.

Extinción
Cuando un tipo de animal desaparece y no quedan más especímenes vivos.

Fósil
Los restos de antiguos animales, tales como huesos o impresiones de una huella de sus patas preservadas en roca.

Hocico
Las mandíbulas y nariz de un animal.

Madriguera
La casa de invierno de un oso.

Oso bezudo
Un oso de la India con labios flexibles.

Oso de anteojos
El único oso de Sudamérica.

Oso de la miel
Otro nombre para el oso bezudo.

Oso malayo
Otro nombre para el oso sol.

Oso negro
Un tipo de oso, más pequeño que la mayoría de los osos pardos, cuyo color varía de negro a café pálido o hasta casi blanco.

Oso pardo
Un tipo de oso que varía en tamaño desde el oso pardo europeo hasta el enorme oso pardo Kodiak de Alaska y cuyos colores van desde el crema hasta el negro.

Oso pardo americano
Un tipo de oso pardo que tiene su pelaje con visos de gris.

Oso pardo Kodiak
El oso vivo más grande, un tipo de oso pardo que se encuentra en Alaska.

Oso polar
El oso blanco del Ártico.

Oso sol
El oso más pequeño, que vive en el sureste de Asia.

Tormento de osos
La práctica cruel de atormentar a los osos encadenados, aceptado en una época como deporte.

Índice